j'veux pas vieilliiiir!

EN MÉMOIRE DE MON PÈRE, JEAN LOUIS BRULLER,
QUI A VIEILLI SANS DEVENIR UN VIEUX.
MERCI PAPA.

j'veux pas VIEILLIR

Hélène Bruller

j'veux pas VIEILLIR

attention...
VERSION AUGMENTÉE!
des pages en plus, comme ça, par pure générosité...
ne me remerciez pas...

MARAbulles

Première édition © Hugo & Cie, 2017

Version augmentée de 18 pages
Éditorial : Sophie Chédru
© Hachette Livre (Marabout), 2019

I

J'VEUX PAS VIEILLIR.

c'est de la faute des jeunes

je sortais tous les soirs depuis une semaine, ça faisait trop...
charles!
je sors pas ce soir, je reste avec vous!
haaann... mais pourquoi? on aime bien quand t'es pas là...
bon, déjà, il aurait pu choisir ses mots...
merci.
j'ai juste un peu l'impression de puer de la gueule...
ouais.
...mais ok, c'est de son âge...
c'est pas grave... je vais me refaire avec la petite...
justine!
quoi, encore?!
DÉJÀ: INDICE.
je sors pas ce soir. pour rester avec vous...
ah.
non... mais... ça te va?
j'm'en fous un peu, en fait.
finalement j'aime bien: ça réveille des souvenirs de mon enfance...
hé! y'a les vieux qui sortent ce soir!
wéééé!
ravidis!
télé!
... des SOUVENIRS, précisément...
putain.
« les vieux », c'est moi.

je veux pas vieillir

47 ans. je vois bien que je commence à pendouiller...
et bien sûr, je pendouille en mode bouledogue...
tant qu'à faire...
je vois bien que je m'effondre imperceptiblement...
non mais, docteur, l'année dernière je mesurais 1 m 63 et là 1 m 62... vous pouvez m'expliquer?
oui.
c'était l'année dernière...
je vois venir le jour où "pendouiller" et "s'effondrer" vont se mettre ensemble...
ça y est... j'y suis...
le syndrôme de la tortue.
je vois bien que la peau de mon décolleté met plus de temps à se défripper le matin...
ah!
c'est quoi, ce buste en papier de soie ??!?
j'ai même l'impression que mes dents ont changé...
mais non, ça va... on est loin du premier implant!
putain. il a dit "implant"... le mot gentil pour "dentier"...
... et je veux pas.
vieillir, c'est un style.
c'est pas que je veux pas, c'est pas mon style, voilà.
vieillir, c'est pas moi, quoi...

même pas peur un peu quand même

j'ai peur du jour où j'aurai l'haleine de vieux...
j'ai les yeux qui piquent ...
c'est la pollution, ça...
ou alors c'est la CAUSE de la pollution ...
... où j'aurai les gros genoux...
faut arrêter les mini-jupes, là...
...ça fait nœud de tronc d'arbre.
...où mon corps deviendra compact...
bon. on va marcher plus lentement ...
sinon j'ai l'impression de promener une oie.
... où mes chevilles et mes pieds seront trop gonflés...
NOOON!! pas les chaussures en macramé!!
amputez-moi!!
... de cet âge où on a l'air con quand on danse sur du disco...
mime encore UNE FOIS l'accélérateur de moto, et je te tue.
... et encore plus con sur du rock.
hop! hop! hop!
alors là, non.
les onomatopées ringardes, c'est au-dessus de mes forces.
en plus tu danses le twist.

les êtres venus d'ailleurs

quand j'étais petite, le monde se partageait en deux planètes. Il y avait nous, les humains...
t'as quel âge?
18 ans.
haaann! t'as le droit de fumer!
... dans les humains, il y avait les adultes...
allez, salut les mômes, nous on part voir un concert...
un concert de quoi?
ça doit être du classique, ils ont au moins 30 ans.
... et même les parents...
les vieux veulent pas qu'on peigne sur le mur!
on le fait quand même, ils y voient plus rien...
papa il a même des lunettes.
les parents, c'étaient des vieux, mais des vieux humains.
t'as déjà embrassé papa sur la bouche?
et maintenant tu l'embrasses des fois sur la bouche?
... ET IL Y AVAIT : LES VIEUX.
GRANDS DE 18 ANS
ADULTES ET VIEUX HUMAINS
NOUS
ÊTRES VENUS D'AILLEURS.
HUMAINS
VIEUX

vieillir ? bêêêêrk...

vieux, c'était une race qui ne serait jamais la mienne. ni à 10 ans...
tu fais un bisou à tatie ?
bêêêê...
... ni à 15 ans...
QUI EST AUSSI L'ÂGE DES ERREURS CAPILLAIRES
moi j'adore robert redford !
un mec de 40 ans ? bêêêê !
... ni à 25 ans...
je viens pas, je déjeune chez mes grands-parents.
quoi ? mais tu vas te faire chier ! bêêê !
... ni à 35 ans...
mon grand-père est mort...
ah... désolée...
la mort, bêêêê...
et soudain, pour mes 45 ans, le cadeau de merde : le doute.
hé ! ho ! mais pas du tout !
coucou !
HUMAINS
VIEUX
c'est pas moi !

la phrase qui tue

parfois, j'oublie...
et alors? ça te fait quel âge?
euh...
...30...
...7...
non, 39... non...
mais, malheureusement, ma mémoire est encore bonne...
47 putain!
non, pas 47...
c'est pas moi...
parfois, j'oublie...
mais si, je t'en ai parlé de cet ex...
comment il s'appelait, déjà?...
et, malheureusement, c'est vrai.
merde...
comment il s'appelait?
avant, la perte de mémoire, c'était avec les vieux : loin.
mais non, allez! vous avez encore toute votre tête!
c'est bien le problème : j'ai toute ma tête... qui se déglingue...
mais ILS SONT LÀÀÀÀ...
N'APPROCHEZ PAS!
je vous préviens...
je connais la phrase qui tue!
putain... c'est quoi, déjà?!
mmmmm...
mmm...

mourir avant

mourir jeune... comme les stars du rock??
mais non, je veux pas mourir maintenant, andouille!
je veux juste arrêter de vieillir.
t'as dit: "je veux mourir jeune".
ouais.
je veux pas "mourir jeune", je veux mourir "jeune".
rester jeune jusqu'à ta mort.
à quoi? 90 ans?
plutôt 100, voire 150, du moment que je reste comme ça.
sans changer.
exactement. hop! le temps s'arrête!
SNAP
rester toute ta vie à 47 ans?
voilà.
«jeune», donc...

bouboule

ce qui vous trahit en premier, ce sont les bras.
ah!
des manchons de piscine en peau!
alors on abandonne les manches courtes.
super.
maintenant on dirait que j'ai un pull sous mon pull...
et puis le syndrôme du muffin...
KOF
je lâcherai jamais ma ceinture fétiche.
CRRR
... rattrapé par la poitrine de diva.
OK.
donc les hauts larges c'est plutôt non.
VIDE
même la tête enfle.
si ça se trouve, je suis allergique...
... à moi.
et aussi les cuisses, mais seulement le haut.
bon. ben je peux faire du cheval en collants.
à 25 ans, on grossit en couche uniforme...
oups! j'ai 3 kilos de trop!
mais où?
PUTE
mais à 47 ans (si on a pas de bol) on grossit dans un secteur défini.
ZONE SINISTRÉE
résultat : la pomme de terre avec les allumettes plantées dedans.
madame patate, elle,...
... elle peu enlever ses yeux...

le gros déni

la contradiction, c'est que, passé 40 ans, on est dans l'âge où on se sent bien dans sa peau.
et voilà. quand j'étais jeune et mince, j'étais trop névrosée pour me sentir belle...
... et maintenant que je me sens belle, mon corps me dit fuck.
du coup, on ne comprend RIEN aux messages d'avertissement.
mais non, t'es assez mince...
tu trouves ??
... pour ton âge...
tu trouves ??
on se focalise sur "comment on se sent dans notre tête".
j'aurais pas un peu minci, moi ?
OUI, TU AS BIEN MINCI. DANS TA TÊTE.
le déni rend aveugle et débile.
tiens ! ils ont changé les tailles !
le 36 maintenant ils appellent ça 40 !
et le diable n'aime pas le déni...
t'es super sur cette photo !
c'est qui, la meuf un peu grosse à côté de...
alors il a inventé la photo.
... toiaa aAAAA AAA !!
CRAC

rendez-moi mon moi !

quand je serai vieille, ils vont m'interdire d'être moi.
j'adore TROP ce bar ! Comment on s'est déchirées ici avec la Dosso ! (paix à son âme*)
maman, arrête de parler jeune, c'est pathétique.
ils vont me virer du monde des vivants.
maman, tu vas pas me retrouver dans un bar à ton âge !
et si le bar s'appelle « au père lachaise », ça me va mieux ?
déjà, ils commencent à me chourrer mon passé.
ah bon ? tu connais AC/DC, toi ?
tu rigoles ???
c'est MON groupe de MA jeunesse !
okaayyy… bê plus maintenant.
parfois j'en profite pour essayer de croiser les vortex…
mon titre préféré, c'est « back in black », et toi ???
moi, ch'peux pas préférer comme toi.
… mais au fond, je sais bien de quoi j'ai l'air…
?!…
alors toi aussi tu aimes les rollingue staune ?

* hé, hé, hé !

hé, ho! AC/DC c'est à moi ma jeunesse de moi!
c'était.
amoneu aïwé tou hê-êlle!
non. steuplé, tu fais pas ça devant mes potes...
sérieux, maman, tu jures, steuplé!
aï kêne guetteno...
...sadisfêkcheune
naaann nan nan, c'est pas moi...

c'est pas aux vieux singes...

mon fils déploie des trésors de stratégie pour échapper à ce qui l'emmerde.
COUC...
Charles!!
t'es pas au cours de théâtre?!
SENS DE L'OBSERVATION ÉPOUSTOUFLANT.
il y a toujours ce moment où je pense sincèrement qu'il cède...
j'y vais! je cours!
eupeupeup'! gaffe en traversant!
je préfère que tu rates le cours que de te faire écraser!
là, j'ai 5 minutes pour savourer ma puissance.
ah!
j'ai encore le power, quand même!
et le pire, c'est qu'il arrive encore à me surprendre.
qu...
qu'est-ce que tu fous là!?

c'est seulement là que je pige que je traite avec le diable.
j'y allais...
... mais une voiture a essayé de m'écraser!
et, décidément, le diable me prend vraiment pour une conne.
ça fait hyper chier...
je VOULAIS aller au cours de théâtre!!
comme il sent que ça va pas le faire, il ajoute toujours ce geste de la main bien spécifique.
je VOULAIS aller au théâtre!!
ET J'AIMERAIS QUE LA DISCUSSION S'ARRÊTE LÀ, MERCI.
avec le diable, une seule technique : le laisser s'enfoncer.
...
mais...
c'est VRAI!

quand il voit que c'est mort, il sort son joker : la culpabilisation.
tu me crois pas???
SINCÈREMENT CHOQUÉ. SANS COMPLEXE, LE MEC.
ce qui me rassure, c'est que même si tu loupes le cours de théâtre, tu continues de t'entraîner ...
mais... une voiture a essayé de m'écraser...
BIEN TENTÉ, MAIS NON.
CHARLES.
je te rappelle que j'ai eu ton âge...

tu me crois pas ???

mon corps, ce sale traître

je peux déjà plus : me relever souplement quand je suis assise par terre...
PFFF
CRRR
CRRR
putain, mais ils ont augmenté l'attraction terrestre, ou quoi?
...enjamber des trucs même pas très hauts...
maman!
fais le tour de la barrière!
t'as l'air con.
donc moi aussi...
je vais rester là pour toujours. à me faire broyer le frifri.
...courir avec élasticité...
on me regarde...
je dois avoir l'air d'une poule...
...ni même me suspendre à une barre.
SOUFFRE
S'HUMILIE
PÉDALE
tu réalises?
tout ce que je peux plus faire à cause de mon âge!
meuh non...
à cause de ton poids.

mamie's blues

je déteste qu'on me dise "t'as encore un avenir devant toi"...
penser à notre avenir...
c'est-à-dire? s'inquiéter parce qu'on aura une retraite de merde?
parce que quand t'as 47 ans et que t'es célibataire, ton avenir, tu le prends plutôt dans ta gueule.
ah ben moi, c'est tracé.
je finirai seule, folle et échevelée, et on me retrouvera morte depuis 3 jours à moitié dévorée par mes chats.
j'essaie de me rassurer avec la complicité des copines...
t'as vu ces ridules au coin de mes yeux?
ben non. justement. j'y vois plus rien.
on se boit des mojitos pour penser à autre chose...
tant que je peux encore être éméchée sans me péter le col du fémur...
mais je le sais: picoler ne changera RIEN...
DONC:
je finirai seule, folle et échevelée, et on me retrouvera morte depuis 3 jours à moitié dévorée par mes chats...
... à un détail près...
... avec mes chats, autour de moi, complètement bourrés.

2 minutes

mon fils a une méthode infaillible pour temporiser.
CHAAARLES! à ta-bleu!
2 minutes!
il tente des variations...
CHARLES! tu descends ranger ton bordel!
c'est bon, là... j'arrive!
EN FAIT, NON, C'EST PAS BON.
... mais la boucle se referme toujours.
ah ouais? alors pourquoi je te vois pas arriver?
2 minutes!
parfois, il respecte scrupuleusement son chronomètre.
t'as déjà fini de réviser tes maths?
bah ouais...
en 2 minutes???
et le pire, c'est qu'il s'en sort à chaque fois, d'une manière ou d'une autre.
une heure que j'attends! ça représente quoi, 2 minutes, pour toi?
ch'ais pas, ch'uis nul en maths.
HI HAN
ce qui prouve que ça marche... pour lui...
bientôt 48 ans!
hg...
2 minutes?
et nooon!

time wars

quand je pense que j'aimais pas être jeune...
tu es encore jeune, un jour, tu comprendras...
hé! j'ai 15 ans, ça veut pas dire que ch'uis conne!
si.
mon but : grandir. donc vieillir.
hélène! tes devoirs!
je sais, merci! quand j'aurai 30 ans, vous aurez rien le droit de dire!
tant mieux! ça te laisse 15 ans pour finir tes devoirs!
han han! très drôle!
la grande classe, c'était d'être le plus âgé.
t'as quel âge?
14 ans.
moi 15!
ha ha! j'ai gagné!
je savais pas qu'un jour, des types de 15 ans me laisseraient leur place dans le bus.
asseyez-vous, madame!
quoi? mais pourquoi moi?
pourquoi pas elle? elle a au moins...
... vous avez quel âge?
46 ans.
ah merde. j'ai perdu.

géronto-technologie

je vis en couple avec le correcteur automatique de mon téléphone.
faut que je raconte ça à sosso…
"tu sais pas ce que m'a fait ta copine de sa race"…
tic
tic
tic
TUE C'EST PARCE-QUE MA FÊTE A COPIÉ SARAH.
comme un mec : il se permet de me reprendre et je lui réponds comme à un mec…
RHÂÂÂÂ ! mais ta gueule !
tic tic EFFACE TIC EFFACE TIC EFFACE TIC TIC
non mais qui t'as demandé, connard ?
et comme un mec : quand on a besoin de lui, y'a plus personne.
merde… quand est-ce qu'on met un accent circonflexe à "notre" ?
c'est tout ce que t'as à dire, toi ?
NOTE MOTTE MONTE MONTRE
soit j'ai des gros doigts, soit la touche "envoyer" est trop près des autres…
« dans ton curriculum, … »
DANS TON CU…
PLOUT
noooon ! mais merdeuh !!
tic tic
PLONG
SOSSO : Y'A MOINS DE PLACE QUE DANS LE TIEN.
en plus, c'est une grosse balance.
non. je vais pas écrire ça à mon fils, il va encore dire que…
TING
SIRI ACTIVE
… je suis une vieille ringarde.
PLOUT
PLONG
CHARLIE : MERCI, JE LE SAVAIS DÉJÀ.
voilà.

il est incapable de décoder les messages de mes enfants...
PLONG
JUJU : FT KPT RKC ?
????
bon. plan de secours : la mère pédagogique.
tic tic tic
QUAND TU SAURAS ÉCRIRE CORRECTEMENT, JE TE RÉPONDRAI...
... et malheureusement, il filtre pas la lucidité de leur réponse...
PLONG
JUJU : JE SAIS QUE T'AS RIEN COMPRIS, TU PARLES PAS LE JEUNE.
ah ouais ? MOI, je parle le jeune, vous, vous savez plus parler !
parfois je me demande comment se décide ce qui restera dans le vocabulaire du futur...
on garde quoi ?
boloss ?
hein ? "boloss" ?!
WTF ?!
ça !
on garde !
peu importe : ceux qui changent la langue, c'est plus moi.
putain !
je parle le jeune des vieux !
au moins, je suis pas la seule dans le couple à montrer des signes de vieillesse...
tiens, tiens... déjà à plat ?
tu décharges plus vite qu'avant, on dirait...

la vie ouvre un peu trop sa gueule

parfois, les gens voient qu'en vrai, j'ai toujours 30 ans.
vous faites moins que votre âge!
merci!
euh... moins que quel âge?
ta gueule, sosso.
et la vie me sourit à nouveau.
j'adore vos albums!
je relis le "prince charmant" chaque année!
vous l'avez lu 20 fois?
ta gueule sosso...
j'étais à presque toutes vos dédicaces!
waouh!
même celle de la librairie bubulle?
mais la vie vous rappelle toujours la vie...
je pouvais pas!
j'étais pas née!
ta gueule, sosso!
mais j'ai rien dit!
et le prince charmant...
... vous l'avez trouvé en vrai?
pas encore...
oooh... il y en a forcément un pour vous! ...
... ils sont pas tous morts, quand même!
ah... on l'a perdue, là...

la couleur de l'espoir

sous la teinture, mes cheveux sont déjà gris...
tiens, ça change la texture.
sympa, la perruque en foin...
après, ce sera la fouffe grise...
pas de commentaire là-dessus ...
... « la fouffe en foin », c'est trop dur à prononcer...
un jour, je m'habillerai en gris...
fini, mon noir adoré ...
ça fera trop veuve.
et quand ma peau sera grise...
PERSONNAGE COMPLÉTÉ.
GAME OVER
mais ...
quel rapport?
on parlait de l'incinération et pourquoi tu es contre!
ehben!
t'as jamais vu des cendres, ou quoi?

middle age

quand t'es entre deux âges, les vieux te parlent comme à une gamine.
évitez les jeans trop serrés, ça coupe la circulation.
c'est un petit conseil pour plus tard !
et les jeunes te parlent comme si t'étais plus des leurs.
dis donc, Charles !
c'est mon jean que tu portes, là !
il était trop serré pour ton âge.
ma mère, à 81 ans, au moins, elle sait où elle en est.
tu sais, à mon âge, quand un jeune homme s'approche de moi...
... je serre plus fort mon sac !
et à son âge, on lui rend son passé...
vous avez été très belle ! ça se voit !
huhuhu
c'est ce que dit mon mari !
alors qu'à mon âge, on commence à me l'enlever.
attends... t'es ENCORE belle !
un mot fatal a été placé par erreur dans cette phrase. sauras-tu le trouver ?
"l'entre deux âges", c'est le plus douloureux.
décidément...
MAINS
VIEUX
... c'est l'âge où on se fait broyer le frifri...

middle young age

ma fille de 10 ans est toujours un peu un bébé.
ch'peux t'réciter mon histoire-géo ?
mais oui ! je t'écoute, poussin.
aloreuh...
SE BALANCE
c'est passkeu, en fait, ehben le roi, il a perdu...
SE TRITURE LES DOIGTS
be bop dam dam dou wap !
attends...
ouais.
salut caca !
les copines. trop chou !
et soudain le rideau tombe et l'ado apparaît.
haaann
j'avouuue !
nan mais trop pas, quoâââ...
en fait, on est entre deux âges plein de fois dans une vie.
tu peux m'en parler...
...si t'as l'impression de te faire broyer le frifri...
?

liquéfaction

le ramollissement commence par le centre.
houlà!
y'a la pâte à gâteau qui déborde du plat ...
il se passe des choses qui n'arrivaient pas avant.
attends ...
pourquoi ça bouge, là?
on tente des conseils raffermissants.
gladys fait de la corde à sauter ...
et elle est canon ...
donc ça marche.
et on découvre très vite que la gym du matin sans soutif, c'est fini.
PAF
on finit même par avoir peur de maigrir...
mon Dieu...
je me transforme ...
... en bougie.
bref. CQFD.
alors? ta méthode anti-âge: pas de sport, pas de régime, ça marche?
pour mon pâtissier: oui.

maladie mortelle

soirée d'artistes bondée de comédiens et de scénaristes...
il est hyper connu, lui, comment il s'appelle, déjà ?
je sais plus... t'as raison... super connu...
comme on connaissait presque personne, on a pu observer.
oh putain, il a pris cher, lui...
un has been est né.
au milieu des artistes qui se pavanaient : quelques vieux.
et elle... dire que c'était un canon...
comment tu la reconnais ?
seuls les très vieux artistes étaient ignorés.
regarde ! personne ne lui parle !
elle a la peste, ou quoi ?
non. elle est vieille. c'est encore plus contagieux.
en fin de soirée, j'étais contaminée...
bon, ben, je sais pourquoi personne m'a parlé...
arrête... c'est parce que t'es pas connue...
merci.
trop tard : la peste est en moi.
mais... moi non plus, on m'a pas parlé !
ils t'ont prise pour mon infirmière...

panorama

oooh...
regardez-le s'étirer pour avoir l'air plus grand que moi...
c'est touchant...
ha ha!
sur la pointe des pieds, maintenant...
allez, je vais le rassurer...
mais oui, mon fils, tu vas me dépasser bientôt...
ben ouais, justement...
j'espère que tu te feras teindre les racines d'ici là.

retenir les chevaux

le grand truc du moment, c'est arrêter le temps.
ce que je voudrais, c'est une machine à remonter le temps.
sauf qu'à 50 ans, si tu te retrouvais au moyen âge, tu serais déjà morte...
comme c'est pas très possible, certaines acceptent de vieillir mais sans que ça se voie.
alors? de quoi j'ai l'air depuis mon lifting?
ben... d'avoir toujours 60 ans mais avec une queue de cheval trop serrée.
il y a celles qui se font gonfler comme des baudruches...
quelques injections et hop! t'as une bouche sexy!
oui... enfin... sexy pour donald...
... et celles qui peuvent plus s'arrêter.
depuis mes 12 opérations, j'ai repris les castings de cinéma...
ah bon? ça existe les films d'horreur pornos?
ça devient de la science-fiction...
elle est bien, meg ryan, dans ce film.
sauf que c'est renée zellweger...
ah non... kylie minogue?
heureusement, il en reste qui refusent les méthodes artificielles...
moi je bois ma tisane bio tous les soirs...
génial, comme plan! faire croire que t'as 80 ans avec un physique de 40!

la sadique

ouais ! super nouvelles !
MAMAN ?
attends, je suis au téléphone.
MAMAN !
c'est juju.
ouiiiiii ! une belle journée qui commence !
MÂ-MAN !
oui, juju, je vais raccrocher.
MAAAMAN !
bon. on se parle plus tard...
MÂÂÂMAANN !
OK. ciao !
alors, coquine...
qu'est-ce que tu voulais me dire de si urgent ?
dans 3 ans, t'as 50 ans !
Hi Hi Hi Hi
ah bah oui, c'est une belle journée...

stigmates temporaires

j'ai certains signes qui ne sont pas vraiment à moi.
tiens!
j'ai les taches de maman sur les mains!
un peu comme si on me les refilait provisoirement.
oh! j'ai les tempes blanches de grand-père!
ça m'arrange bien.
ah! j'ai les bourrelets dans le dos de mamie!
heureusement, ça va partir...
puisque c'est pas les miens...
ma sœur isa participe avec activisme à mon déni.
tu te rends compte?
j'ai des pertes d'équilibre!
ah! ça, ça vient de papa!
donc je reste jeune.
CHEVEUX GRIS D'UN AUTRE.
BOURRELETS D'UNE AUTRE.
TACHES À RENDRE D'URGENCE.
du coup, je me dis parfois que je pourrais me faire aussi refiler de la jeunesse.
faire une partie de Wii U avec toi?
merci, mais chacun son âge, quoi.
radin!

hi, ho, c'est l'écho

je me surprends de plus en plus à dire des trucs ringards...
les macaques, pourquoi vous sortez pas avec ce soleil?
... alors que je me souviens très bien de la totale inutilité de ces phrases sur l'enfant que j'étais.
t'as qu'à sortir, toi!
puisque tu préfères le soleil à la télé.
mon moi du présent s'obstine...
pffff... j'm'ennuie...
(DEPUIS QUE TU AS CONFISQUÉ MON ORDINATEUR.)
pourquoi tu lis pas?
... alors que mon moi du passé connait très bien la réponse.
je préfère me faire chier tout court.
que me faire chier avec, en plus, un bouquin chiant.
et quand mes enfants essaient de solliciter mon moi du passé...
maman, tu viens?
on fait un volley!
... c'est mon moi du futur qui s'interpose.
hélène! ton arthrite de l'épaule!

tout sauf tout ça

mes terreurs du troisième âge sont : les trois poils sur le caillou...
je pars chez le coiffeur.
mais...
le coiffeur, c'est pour les cheveux...
ne pas pouvoir m'offrir un dentier de luxe...
bonjour clac, mad... clac demoijelle ! clac
DENTS
perdre mes forces...
vous pouvez remplir mon verre ?
je ne peux plus soulever la bouteille.
et oui... mais elle pèse à cause de l'eau...
alors si je mets l'eau dans le verre...
être parquée en maison de retraite avec des séniles...
SIMONE !
elle est où, simone ?
combien de fois par jour vous apprenez pour la première fois que votre femme est morte ???
avoir l'air morte...
monsieur duchon ?
MONSIEUR DUCHON ?!!??
mais enfin ! laissez-le dormir !
toutes les peurs, sauf une : finir seule.
une peur en moins :
personne ne fera pipi dans mon lit...

les mecs prennent aussi

nous, on s'empâte, mais eux, ils ont le syndrôme de l'estomac gonflable.
sauf que vous, vous le perdez pas en accouchant...
nous, on s'alourdit des seins, mais eux, ils en mettent.
vous pourriez être mannequin pour une grande marque...
s'ils faisaient des soutifs pour hommes...
nous, on a la fouffe en friche, mais eux, ils ont la descente de balloches.
faut arrêter les caleçons.
on dirait que vous chiez un dindon.
nous, on a les cheveux qui se raréfient, mais eux, ils ont la calvitie.
putain, ça doit être violent...
de passer d'harrison ford à prof de maths en quelques mois...
et les vieux qui ne deviennent pas chauves, c'est pire.
je savais pas que c'étaient vos vrais cheveux...
sinon je vous aurais jamais demandé si vous étiez clown...
sur nous les traces de l'âge arrivent en vieillissant. mais eux, ils peuvent commencer avant.
25 ans?
le bol!
vous êtes loin de voir vos premiers cheveux blancs!

les pédophiles retardataires

c'est quoi, cette manie des mecs, de se mettre avec des nanas plus jeunes ?
houlà ! il a au moins 25 ans de plus qu'elle !
le même couple 10 ans plus tôt, il était bon pour la taule.
d'abord, ça nous embrouille.
salut, rebecca !
tu te souviens de gérard ?
euh... bien sûr, c'est ton... ton...
mon mari !
ah... ah ouais, quand même...
et puis, vous faites pas d'illusions, les mecs, ON SAIT.
pilule bleue !
je l'ai dit la première, le point pour moi !
en même temps, s'ils peuvent avoir une plus jeune, pourquoi se gêner ?
ils préfèrent la chair fraîche, c'est normal !
barbe bleue, tu le trouves normal ?!
mais les nanas de 25 ans, qu'est-ce qui leur prend ???
mate le vieux avec sa minette, qu'est-ce qu'elle lui trouve ?
elle aime peut-être les culs fripés.
ah ! non...
regarde : il a une porsche.
mais surtout, MERCI pour ce que vous laissez aux femmes de 47 ans...
je vous offre un verre ?
t'as raison...
... le mec qui pisse dix fois par jour, ça donne envie de boire...

injustice chérie

une vieille qui drague, on la trouve marrante.
jeune homme, vous avez un joli petit cul!
HA! HA!
merci madame!
un vieux qui drague a toujours l'air d'un porc.
jeune fille, vous avez un joli petit cul!
AAAAAH!
POLICE!
nous, on peut pas tomber en panne.
le sexe, à mon âge, c'est différent...
plus tendre...
mieux, quoi.
eux, si.
le sexe, à mon âge, c'est différent...
plus tendre...
mou, quoi.
les traces de l'âge sur un corps de femme sont touchantes.
je fais quoi?
vous gardez la pose.
sur un homme, elles sont indécentes.
je fais quoi?
vous mettez un peignoir.

les vieux beaux

le vieux beau, c'est : soit un vieux qui soigne trop sa personne...
alors, oscar wilde !
t'as perdu ta canne à pommeau ?
soit un ancien beau mec devenu vieux...
j'ai pas de beaux restes ?
si. mais quand vous dites "beaux", moi j'entends "restes"...
soit un ancien moche amélioré par l'âge...
j'adorais son côté "ancien prof"...
jusqu'à ce que je vois des photos de lui jeune. avec une gueule de prof.
soit un vieux qui PENSE être beau...
les femmes me trouvent un charme éternel.
le charme, c'est pas pour demain. mais l'éternité, y'a pas de doute.
soit un vieux qui veut faire jeune.
toi, t'as l'air bonne comme meuf !
arrêtez la familiarité. sur vous, ça fait mec bourré.
les jeunes beaux, c'est trop tard...
les jeunes moches, c'est fait...
les vieux beaux, j'en veux plus...
j'ose même pas prononcer ce qui me reste...

les vieux bébés

avoir un mec beaucoup plus vieux, ça a certains avantages...
mes parents auraient adoré les déjeuners du dimanche avec toi...
mais ouiiiiii! c'est vraaiiiii! ils sont morts!
si on tombe pas sur le vieux bébé à oedipe intact...
ma maman était si gentille...
le chêne qui a eu le temps de pousser sur sa tombe est très gentil aussi.
ou le vieux bébé malade...
tu te souviens pas que je pouvais pas boire à cause de mon foie?
non, mais je me souvenais que tu pouvais pas aller jusqu'au bar à cause de ta prothèse de hanche.
ou le vieux bébé culpabilisateur...
va!
va voir tes amis jeunes!
ne sois pas gênée de me laisser SEUL.
ah bon??? j'ai l'air gênée???
ou encore le vieux bébé psychorigide.
pas celui-là! je veux mon parapluie noir!
il est où?
dans ton cul.
de toute évidence.
alors il vous reste le vieux bébé qui raconte tous ses cacas.
et après la poste, je suis passé à la pharmacie...
quelle aventure! sors de ce corps, indiana jones...

les vieux couples

c'est dans la vieillesse qu'on voit comment un couple s'est construit.
CELUI QUI A ENCORE TOUTE SA TÊTE.
AVEC CELLE QUI TIENT ENCORE DEBOUT.
on va où?
à la maison!
la maison où?
il y a : le petit pourcentage d'amoureux éternels.
oooooh! t'as mis le collier que je t'ai offert hier!
oooooh! tu t'en souviens encore?
la maman et son ado attardé.
va mettre ton dentier, raoul!
c'est pas toi qui commandes!
le tyran et son infirmière.
MARYSE!!!
voilà, voilà! qu'est-ce qu'il y a, robert?
MES GOUTTES!
mais tu viens de les prendre!
MES GOUTTES DE DEMAIN, IDIOTE!!!
ceux qui n'ont jamais osé divorcer.
ça fait 60 ans que tu m'emmerdes!
t'as qu'à te trouver une autre bonne femme!
SAIT PERTINEMMENT QUE ÇA N'ARRIVERA PLUS.
même s'il ne reste qu'un seul amoureux éternel, je veux bien l'attendre!
pas toi?
si. mais tu viens de le prendre...

le passé, c'est nul.

c'est qui, le mec avec qui tu parlais ?
c'est l'ancien guitariste d'un super groupe.
il l'est plus ? c'est nul !
maintenant il a ouvert une école de musique.
mais dans le passé, c'était une star !
le passé, c'est nul.
toi aussi, t'as déjà un passé !
par exemple, quand t'étais tout petit, tu portais des couches et plus maintenant.
l'avenir devient vite du passé !
ahouais d'accord.
et à 50 ans, tout s'inverse !
euh... non.
ben...
tu disais que porter des couches c'est mon passé ...
oui...
donc ça s'inverse à un moment ...
... puisque pour toi, c'est ton avenir...

les déjà morts

il y a les aigris qui ne veulent pas que les jeunes aient ce qu'ils n'ont pas pu avoir.
de mon temps, on couchait pas si facilement !
je vous rassure : aujourd'hui non plus vous coucherez pas facilement.
ceux qui pensent que le monde doit vivre selon leur âge.
les gosses bruyants, avant ils se prenaient une baffe !
si on mettait une baffe à ceux qui dérangent, vous auriez plus de joues.
ils pensent que leur vie ne peut plus bouger.
c'est pas à mon âge que je vais changer !
t'as raison : mieux vaut rester con jusqu'au bout...
ils abandonnent.
à mon âge, on ne profite plus de rien...
QUOI ?!?
je me cogne vos chouineries depuis une heure et vous profitez même pas ?!?
comme s'ils arrêtaient de vivre mais en restant vivants.
j'ai plus qu'à attendre la mort...
pour une fois qu'elle est en retard, il faut que ça tombe sur vous...
ils sont pré-morts.
on enterre monsieur fernand demain...
il était temps, ça fait 15 ans qu'il est mort.

l'idéal

à 47 ans, on peut traverser une phase intransigeante avec les mecs.
tu l'as largué ? mais il était sympa !
justement. sympa, c'est chiant.
on voit bien qu'il reste peu de mecs disponibles.
t'es hyper bronzé, dis donc.
on voit bien la trace blanche de ton alliance que tu viens d'enlever...
dans ceux qui restent, il y a les pires qui tentent le tout pour le tout.
on boit un verre ?
sérieux ?
t'imagines vraiment qu'on pourrait être assortis ???
on se méfie de tout.
celui-là, tu le gardes, mignon, sympa, drôle, bosseur...
louche, quoi.
on repère la moindre faille.
j'aimerais avoir 20 ans et croire que tu es possessif par amour...
mais je sais que c'est parce que tu cherches une maman.
et on en vient à se dire qu'en fait, il ne reste rien.
je préfère attendre celui qui me correspondra totalement.
t'as plus qu'à te maquer avec toi-même...

les regrets

il y a toujours le moment déprimant où on se retourne sur sa vie.
et voilà. j'ai 47 ans et j'ai rien fait de ma vie.
c'est reparti...
arrête. t'as fait plein de bouquins super.
noyés par les milliards de bouquins des jeunes...
et puis, t'as eu un mari !
depuis mon divorce, je sens beaucoup moins sa présence...
et t'as des enfants géniaux !
qui vont bientôt partir et filtrer mes appels...
bon. tu veux en venir où ? que t'es une has been ?
même pas.
une never been.

ça, faut plus faire

à 25 ans, le look gitane fait esmeralda.
à 50 ans, ça fait diseuse de bonne aventure.
à 25 ans, le look punk fait rebelle.
à 50 ans, ça fait junkie.
à 25 ans, le look hippie fait folk.
à 50 ans, ça fait souillon.

à 25 ans, le look fifties fait glamour.
à 50 ans, ça fait mamie-tricot.
à 25 ans, le look total rose fait barbie.
à 50 ans, ça fait touriste foldingue.
D'APRÈS UNE IDÉE DE JUSTINE CHAPPUIS-BRULLER
t'as de la chance d'avoir un look chic...
à 50 ans, ça fera encore plus chic.
moi je trouve que ton look rock te va toujours!
ouais. mais il me reste que 3 ans avant de faire chômeuse alcoolique.

la relève

la nouvelle génération prend la place en toute tranquillité.
j'ai déjà 27 ans !
il me reste 10 ans pour trouver l'homme de ma vie...
merci...
elles sont TOUJOURS dans la cabine d'essayage voisine.
36
40
elles sont TOUJOURS là quand vous n'avez pas de mec.
peut-être que je vais me mettre avec romain.
ou david.
louis, je sais pas...
mais pas matthieu.
elles sont toujours là quand vous vous faites chier.
une soirée par an...
et c'est nul...
après on va à la soirée de Kevin ?
ou celle de sandra ?
ça y est. le monde leur appartient.
on fait le tour du monde ?
carrément !
touchez pas à mes affaires !
au cas où je reviendrais...
HUMAINS
ViEUX

la soirée de quinquagénaires

ça, faut plus faire II

à 25 ans, le tailleur fait hôtesse de l'air vintage...
la bonne nouvelle...
c'est que je pars ce soir...
... c'est sur mon plan de vol...
direction les Caraïbes!
à 47 ans, ça fait vendeuse du rayon lingerie pour mémé.
la bonne nouvelle...
c'est que la gainante...
... existe en 46!
à 25 ans, le look allumeuse fait folle de sexe...
mes cuissardes ne tiennent plus...
j'ai trop minci...
à 47 ans, ça fait ancienne prostituée.
mes cuissardes ne tiennent plus...
je les ai distendues...

à 25 ans, le look sportif fait fille qui bouge...
laisse-moi deviner ...
tu vas courir !
à 47 ans, ça fait pyjama de jour.
laisse-moi deviner ...
tu vas passer l'aspirateur !
à 25 ans, prononcer des mots techniques sonne technique...
je voulais voir sur le net...
mais y'a eu un bug...
c'est peut-être une panne de wi-fi...
à 47 ans, ça sonne vieille qui essaie d'apprendre une autre langue.
je voulais voir sur le naite...
mais y'a eu un beugue...
c'est peut-être une panne de ouifie...

calcul fatal

indépendante + jeune = rock'n' roll...
je pars seule à londres voir AC/DC en concert.
la warriooor!
indépendante + vieille = pestiférée.
je pars seule à londres voir A.C.D.C en concert.
mais... t'as trouvé personne pour t'accompagner?
célibataire + jeune = libre...
j'ai pas de mec et j'en veux pas!
GIRL POWER!
célibataire + vieille = pathétique.
j'ai pas de mec et j'en veux pas!
mouais... c'est toi qui veux pas... c'est ça...

chat + jeune = peluche pour grand...
allez! laisse Chouchou...
on va pas l'emmener au ciné!
chat + vieille = misère affective.
je suis comme vous...
depuis la mort de bernard, il ne me reste que Kiki...
fleur bleue + jeune = romanesque...
il m'a emmenée voir le coucher de soleil...
haaan! trop kawaï!
fleur bleue + vieille = débile mentale
il m'a emmenée voir le coucher de soleil...
et les couchers de soleil vous donnent envie de pisser?

la malédiction du détail jeune

la crinière mordorée : de dos, t'as 30 ans...
ROÂR !
RR...
RRRR !
mais de face, bonjour la tête réduite d'indien navajo.
TCHIC
TCHIC
HHH !
HHHH !
la minceur d'ado : habillée, t'as 15 ans...
mais à poil, bonjour Ramsès II.
la teinture sur les mecs : de dos, t'as 30 ans...
Hé ! beau gosse !
mais de face : bonjour la moumoute acrylique.
oui ?
!

le syndrôme de mesmaeker

Dans gaston lagaffe de Franquin, un des personnages m'intrigait : de mesmaeker
(oui, on sait, Franquin dessinait mieux)
c'était un vieux, certes mais surtout, il représentait un GENRE de vieux...
Ceux qui ont une tête de vieux tellement cliché qu'on ne peut jamais imaginer qu'ils ont étés jeunes.
allez savoir pourquoi, de mon point de vue, ils ont toujours une moustache.
chauves
se ressemblent tous
et du poil dans les oreilles.
et se laissent pousser les sourcils...
j'ai appelé ça "le syndrôme de mesmaeker". pour moi c'est un progrès dans le domaine de la génétique.
c'était la parenthèse du docteur Bruller...

le syndrôme de mesmaeker V

j'ai longtemps hésité à rendre publique cette nouvelle découverte scientifique.
docteur Bruller n'a pas fini de vous surprendre.
il se trouve que certaines femmes peuvent être victimes du syndrôme de mesmaeker.
indice 1 les bajoues
bien sûr, le look joue un rôle primordial dans l'image de mémé type.
et pourtant ça suffit pas : une jeune habillée en mémé ne fait pas forcément mémé.
et certaines mémés font mémé quel que soit leur look.
vous pouvez lui coller un cuir et une crête, un syndrôme de mesmaeker aura toujours l'air de cuire des madeleines.
il y a bien des mémés maigres qui ont le syndrôme de mesmaeker mais souvent, ce qui déclenche le syndrôme c'est le poids.
difficile d'avoir l'air rock quand t'es un gros pouf.
et c'est là ma conclusion.
ceci est un appel au secours...
docteur Bruller est en train de devenir un gros pouf.

no come back

je traverse encore des moments où j'oublie mon âge...
cet été, je fais une grosse fête pour mes trente...
huit...
quarante-huit ans...
mais un simple reflet dans une vitrine me rappelle la réalité...
non!
49, putain!
je sais que ça va pas s'arranger.
BON DÉBARRAS SALOPE. TON EX
donc à un moment, il fallait choisir : continuer à me sentir jeune...
non mais là, maman, faut VRAIMENT arrêter.
ou accepter d'approcher la cinquantaine (et plus si affinités...).
non mais, maman...
joue pas les centenaires non plus...
et brusquement, un jour, j'ai choisi.
entre rester jeune et accepter de vieillir?
facile!
LES DEUX!

dis donc, sosso, tu penseras à nourrir mes chats?
faudrait pas qu'ils soient trop affamés en attendant qu'on me trouve...

II

VIEILLIR, C'EST PAS POUR LES MAUVIETTES.

rien à foutre

d'abord, on se rend pas compte qu'on met beaucoup moins de temps à s'habiller le matin.
allez, un jean et hop...
GNNN..
on se rend pas compte qu'on dit ce qu'on pense quand on le pense.
mais non!
je te largue parce que je mérite mieux!
qu'on se balade dans la rue en regardant les immeubles et non notre reflet dans les vitrines.
les immeubles c'est ça...
qu'on pense que quelqu'un qui nous sourit est bienveillant et pas qu'il se fout de notre gueule.
et pourtant un pigeon m'a chié dessus!
qu'on donne plus de place aux plaisirs qu'aux apparences.
les minces se font larguer aussi, hein...
et soudain, on comprend.
putain!
j'en ai plus rien à foutre du regard des autres!

le changement...
quand on se libère du regard des autres...
ON NE SE FERME PLUS AUX RISQUES, ON NE SE DONNE PLUS LES MÊMES LIMITES...
ça nous libère de tout...
et si je faisais un album réaliste?
on vit alors pleinement...
RRRRRR♡RRR♡
sweet home
et chaque petite chose de la vie devient un univers fantastique.
pour maman
ça y est, maman! je me suis rasé!
tout ça, simplement parce que le temps nous a appris la vie.

...ou pas...

plus jeune, on veut toujours plaire.
Le dernier album d'Hélène Bruller est très drôle mais ses couleurs sont de la merde et elle dessine comme une merde.
putain...
... ils disent que je suis une merde. c'est horrible!
on se sait pas lire le positif...
alors on est souvent tentée de se nier, de se trahir pour plaire aux autres...
que faut-il faire pour plaire plus?
se soumettre à la demande et faire des histoires de filles qui se cassent un ongle?
avec l'expérience, on apprend que rien n'est plus bon que de rester soi-même...
et c'est là qu'on s'apaise...
que tes albums soient drôles, c'est pas suffisant, peut-être?
C'EST AUSSI L'ÂGE OÙ ON SE PARLE BEAUCOUP À SOI-MÊME.
ah! me revoilà!
ça va mieux.

le dernier choix

il y a toujours un moment où on choisit comment on va veillir.

ces jeunes et leur musique!
y'a plus de respect!
MAUVAISE PIOCHE

observer les vieux autour de nous aide pas mal.

oh! des jeunes!
comme ils sont beaux!
MIEUX

c'est assez simple, en fait. on a le choix entre trois options. Il y a les vieux qui ne veulent pas vieillir...

NOUS
liftée
vieux bébé qui se fait prendre en charge
vieil aigri qui met tout sur le dos des jeunes.
j'veux pas y aller!
j'ai plus la force de tenir... au secours!
salauds de jeunes qui penchent la corde!
VIEUX

ceux qui laissent faire...
NOUS
OK.
bon ben on attend la fin.
c'est plus loin.
VIEUX
voilà. j'y suis.
bon, ben tant pis.
et ceux qui ont compris qu'on pouvait en profiter pour grandir encore.
NOUS
hé! d'ici je vois mieux les jeunes!
j'entends leur musique!
regardez! j'ai pu me lever!
VIEUX
ouah! la vue d'ici!
bon, c'est pas tout, les mecs, moi je veux aller voir de l'autre côté!

le bonheur I

à 25 ans, on voit le bonheur comme presque inaccessible...
nan mais tu comprends paaaas...
je veux être Claire Bretécher ou rien !
à 48 ans, on sait qu'il est dans les petites choses.
SNIFFFFF
l'odeur de mes vieux Astérix...
j'espère que c'est légal...
à 25 ans, on attend toujours mieux pour plus tard...
un jour, j'aurai mon propre appart'...
et je me taperai plus VOTRE vaisselle.
à 48, on sait que le mieux est ici et maintenant.
ouiiii ! vaisselle finie !
le pied !
je vais pouvoir bouffer dedans !
à 25 ans, on pense que notre vie est foutue au moindre emmerdement...
il m'a larguée...
je veux mourir...
et rester dans mon lit...
à 48 ans, on sait qu'un emmerdement n'est que la porte entre deux moments de la vie.
bon. ben c'était pas le bon !
le bon ne m'aurait jamais laissée partir !

dehors dedans

à 48 ans, on vit le contraire des apparences. il y a ce qu'on voit de nous...
un verre entre copines au soleil!
le bonheur!
... mais la manière dont on le vit intérieurement est orgasmique.
ooooh! ton nuage est rose!
quand dehors on danse comme un vieux...
bon ok, on dirait pas que je danse mais...
... que je chasse les toiles d'araignée...
...dedans c'est travolta.
je m'éclaaate!
peut-être que c'est pour ça que le corps ralentit en vieillissant...
aaaah... un bon fauteuil...
le pied total!
si ça se trouve, le mystère est là...
la vache! je me sens tellement vivant!

ôôôô, sagesse !

quand mon fils va mal, en général, ça se voit...
salut mon Charles !
'lut
Comme il a tendance à surjouer, c'est facile d'imaginer le pire.
ça va pas ?
Tic Tic Tic
mon... PADUTOU !
quand on est parents, il y a plusieurs "pires". Le pire de tous les jours...
t'es viré du bahut ?
hein ?
mais non !
... jusqu'au pire qu'on ose même pas imaginer.
bien pire...
pire que viré ? mon Dieu !
mais les "pires" de Charles sont dans une autre gamme...
Quoi ?!
Quoi ?!!
c'est Coralie...
qui va du téléphone en manque de batterie au film d'horreur.
putain !
il a foutu une fille enceinte...
en 2017...

donc je peux m'attendre à tout.
elle veut sortir avec moi.
et moi j'ai pas envie.
quand vous êtes en mode Zola et que vous retombez en "pire niveau 1 catégorie Charles", c'est un putain de soulagement.
et je sais pas comment lui dire...
HiC
G...
sanglot
la merveille du temps qui passe c'est d'avoir appris à gérer ça.
c'est tout?
voir la génération suivante envisager la fin du monde parce qu'on a plus de shampoing...
ouais, euh...
ça suffit pas?!
et en faire une occasion de transmettre, quelle puissance!
j'veux pas faire de la peine!
allez, viens là...
la sagesse est le superpouvoir des anciens.
"tu pourras pas l'empêcher de souffrir...
"mais seule la vérité la libérera.
U.S.A
RE
voui.

la mort et moi

à 8 ans, la mort, c'est pour les vieux.
il a quel âge, ton parrain ?
il est vieux : son père est mort.
à 18 ans, elle nous impressionne.
être guitariste de rock et mourir à 30 ans d'une overdose, c'est claaaasse !
pas pour le secouriste qui ramasse le cadavre qui a chié dans son froc...
à 28 ans, elle nous terrifie.
j'ai 28 ans, je vais mourir et j'ai rien fait de ma vie !
à 38 ans, on commence à vouloir l'apprivoiser.
bon. si je meurs, je lègue quoi à qui ?
bon, je vais pas mourir...
mais bon ...
à 48 ans, enfin, on marche côte à côte.
pour mon enterrement, je veux une belle fête !
avec de la musique à donf !
48 ans pour se réconcilier, c'est pas rien.
oui, c'est un peu long...
mais y'a des choses plus difficiles que d'autres à intégrer...
AC/DC

en général, on sait pourquoi on ne veut pas mourir.
soyons honnêtes :
c'est parce qu'on veut pas qu'on nous oublie.
mais on meurt quoi qu'il arrive. l'accepter, c'est une histoire d'humilité.
plein de gens meurent et la planète s'en branle...
il y a des millions de gens qui se foutront éperdument de ma mort...
un truc que j'ai intégré assez vite, c'est que l'univers, ma mort, il s'en fout grave.
l'univers, il s'en fout de nous de notre vivant, alors mortes...
merci l'univers...
quand on réalise qu'on est rien, tout ce qui nous reste, c'est vivre l'instant.
Mojito !
en fait, c'est mourir qui donne du sens à la vie.
« on ne découvre de saveur aux jours que quand on se dérobe à l'obligation d'avoir un destin. » Cioran
et il sait de quoi il parle : il est mort.
quand on le comprend, on peut traverser une période un peu excessive.
je vais mourir !
c'est merveilleux !
presque...

le bonheur II

à 25 ans, on angoisse de ne pas être assez bien pour être aimée.
je me fais un peu chier, là ...
faut que je sois plus marrante !
à 48 ans, on se sent aimable d'office.
je me fais un peu chier là ...
ouais bèh, dégage, t'es contagieux.
à 25 ans, on est prête à faire des trucs débiles pour l'autre.
ça marcherait mieux si tu mettais de la lingerie ...
je vais en acheter !
à 48 ans, on sait qu'on a le droit de dire merde.
ça marcherait mieux si tu mettais de la lingerie ...
ou si toi tu mettais un autre cerveau ...
à 25 ans, on pense que si un mec ne bande pas, c'est de notre faute...
c'est de ma faute, je suis pas désirable ...
à 48 ans, on sait...
Ben il a 48 ans aussi, quoi...
ça commence ...
HIN HIN

happy end

parfois je fantasme sur mon enterrement...
mon cadavre est sublime...
j'ai perdu du poids avant de mourir...
il y a ce discours élogieux de mes confrères...
nous perdons une grande auteur...
...trice ... et une fantastique dessinatrice.
claire bretécher serait fière d'elle...
les larmes inconsolables des centaines de mecs secrètement amoureux de moi...
elle était mon idéal...
bouhou!
Mooonn!
Houou
je ne peux pas vivre sans elle!
hélèèène
bouaaa
SNIF
Haaa
les regrets amers de mon ex...
j'aurais dû être plus gentil avec elle...
et plus généreux...
cette fille qui les console...
avec vous, c'est sûr...
...on s'en remettra...
finalement, je vais rester encore un peu...

bah qu'est-ce que t'attends ? Saute !
50

III

CINQUANTE.

cinquante

et voilà. j'ai passé "la barre" des 50 ans.
expression parfaitement débile...
...vu qu'à 50 ans, précisément, t'es plus capable de passer aucune barre...
toutes les expressions liées aux 50 ans sont merdiques...
"quadra" ça le fait...
... mais "quinqua"!
♫ mon p'tit quinquin, mon p'tit quinquin ♪
"le demi-siècle." l'expression bien pourrie...
alors, et d'une: le mot "siècle".
merci pour les mots d'antiquité historique...
...ça tombe bien...
...je me sentais pas assez vieille...
... et de deux: "demi".
comme si on arrivait à la moitié de quelque chose...
...alors qu'on sera sûrement mort avant la fin de la seconde...
encore merci.
en fait, tout ça, c'est pour nous habituer à l'idée de la mort...
on a reçu tous les messages: tu ne passeras plus aucune barre, tu porteras un nom ridicule qui se chante bourré et tu ne verras jamais la fin du film... qui voudrait rester?
et leur stratégie s'affine avec les années...
"sexagénaire", pour que tu saches bien que "sex" c'est la fin...
"septuagénaire", que personne peut prononcer avec un dentier.

on sait qu'on sait.

après 50 ans, il y a des choses qu'on SAIT.
les mecs ne changent pas.
ils changent de voiture, de boulot, de femme, mais eux : pas d'un millimètre.
les mères ne changent pas.
elles deviennent des super grand-mères (ou pas) et des séniles plus ou moins visitables. c'est tout.
les politiques ne changent pas.
on change de figures politiques, c'est tout.
pourriture un jour, pourriture toujours.
l'éducation ne change pas.
on fait toujours pareil : se défoncer pour nos enfants qui nous défoncent à leur tour à l'adolescence.
escrocs un jour, etc.
la vie ne change pas.
salope un jour… bref.
qu'est ce qu'on se fait chier…

le vieillissement de prénoms

parfois, les prénoms vieillissent avec nous...
le bol! vous avez vieilli comme une christine!
total raccord!
parfois c'est n'importe quoi...
vous êtes sûre?
c'est pas une erreur de la mairie?
lolita?
sérieux?
il y a ceux qui étaient prévus à l'avance...
parfois, on vieillit comme son prénom...
franchement... germaine, vous aviez pas le choix...
il y a même des coïncidences hyper touchantes...
oh! vous êtes trop mignonne!
je suis pas étonnée que vous vous appeliez violette...
il y a des tas de petits miracles...
bernadette
barbara
sophie
raymonde
... donc oui, ça peut rendre parano.
non non... non
on a volé vos papiers?
et vous avez changé de prénom?
pitié... pas hélène...

ça, faut plus faire

à 25 ans, parler verlan fait langage entre potes...
c'est où, la teuf ?
chez Keumar.
mon teupo.
...à 50 ans, ça fait rééducation après un A.V.C.
c'est où, la teuf ?
monsieur Benoît ! on dit "train" !...
...pas "teuf teuf"...
ni "tchou tchou" !
allez, on reprend !
à 25 ans, le catogan fait mec cool...
si tu veux, on se retrouve après ma répét' avec le groupe ?
mais graaave !
... à 50 ans, ça fait musicien raté.
t'as honte de moi parce que je rapporte pas assez de pognon, c'est ça ?
je me bats pour ma musique, moi, tu vois...
mais t'es graaave...

à 25 ans, le look casquette du désert et lunettes Lennon fait électro...
... à 50, ça fait aveugle.
à 25 ans, le look Montmartre fait étudiante en théâtre...
... à 50, ça fait collectionneuse de broches châtons qui parle toute seule.

adolf bac

à 50 ans, on est paré à survivre au pire.
16 ans
sait TOUT, vous RIEN.
vous déteste.
agacé 7/7 et 24/24
on a réussi à trouver la respiration de yoga qui bloque l'envie de gifler.
excuse-moi mais c'est un peu ton boulot de mère...
mais vas-y, garde les tes 20 balles, j'ai pas besoin de ton fric.
NON
SI
on a appris à admettre les limites de cet âge fragile.
comment je pouvais savoir que c'étaient pas les gouttes pour les yeux ???
y'avait écrit "auriculaire" dessus !
aïe
souviens-toi, mon fils, si ça pique c'est qu'il faut t'acheter un dico.
on maîtrise enfin l'art de leur faire croire qu'on les croit.
salut !
pour réviser les maths...
je vais chez mes potes...
cooooL
"travaillez bien"
et ils ont choisi pile cet âge pour leur faire passer le baccalauréat...
Charles, elle est où ta liste de textes pour l'oral de français ?
quelle liste ?
à croire que cette décision a été prise par des spécialistes de la torture morale.
d'ailleurs tu sais qui a inventé cet examen ?
oui.
adolf bac.

zbidiboui*

voilà. raconter ma vie, mes rages mes plantages, c'est fini, je veux être dans la vie...
alors voici zbidiboui...
parce qu'à 50 ans, on veut de la poésie.
zbidiboui est un joli poney...
... avec une belle mèche jaune.
à 50 ans, on veut un retour à la nature...
grâce à sa mèche, zbidiboui plante...
CROUCH
des arbres
à 50 ans, on veut du vrai...
mais ce que zbidiboui préfère, c'est semer de l'amour!
à 50 ans, on va à l'essentiel...
à force de semer l'amour, zbidiboui est devenu l'amour!
Youpiiiii
Mais non, je déconne.
en fait, j'ai l'intention de continuer à dire des saloperies PLUS QUE JAMAIS.

* MERCI À MAËL DANTO PAYET POUR CE NOM DÉBILE

ça, faut plus faire

à 25 ans, le look chemise à carreaux fait grunge...
... à 50, ça fait agricultrice.
à 25 ans, les dread-locks font joueuse de percussions avec chien...
... à 50 ans, ça fait chien.

à 25 ans, le look minimaliste jean-T.shirt sans maquillage fait jane birkin...
... à 50, ça fait dépressive qui s'habille même plus.
à 25 ans, le look classique fait étudiante intello...
... à 50, ça fait bigote.

la comète de l'avenir

Comme tous les ados, mon fils se balade en mode comète. Le noyau, c'est Charles...
il est beau, mon fils-mon fils, sa mère ellêfièr'...
maman ! arrête ! c'est la honte, là !
et la chevelure de la comète (qui peut varier) est un monde de l'adolescence qui me fait regretter la mienne. Lili, belle, adorable, tout pour elle...
pourquoi elle serait pas belle, si elle parle à mon fils ?
MAMAN ! RHÂÂÂÂ !
... Achille, Chichille, qui est parti pour un destin de guitariste...
bien sûr, il joue bien ! Il joue avec
NON ! STOP !!
... adèle, la jolie, une artiste aussi, ça se voit déjà...
elle a la douceur de ceux qui ont compris qu'on a pas besoin d'en faire trop pour avoir une personnalité.
MAMAN ! ah... non, en fait t'as rien dit...

valentin, Val, qui a déjà le sens de l'autodérision, arme absolue contre les connards de ce monde...
je vivrai plus longtemps que vous, avec ma tête de vampire.
(en vrai il a une gueule à la Bowie)
il y a guela, dont je connaissais le nez avant de le rencontrer parce que Charles le caricaturait dans ses cahiers de maths.
il n'est cependant pas du tout responsable des notes de maths de mon
MAMAN!
ce petit monde passe du temps chez moi, assez pour que je les observe et que je les écoute...
ça se prive pas pour vider mes bouteilles, au passage...
c'est vrai qu'à leur âge, on est pas forcément prêt à diriger le monde. Mais il y a quelque chose qui se voit déjà chez eux.
c'est clair...
...ils feront mieux que nous.

ça, faut plus faire

à 25 ans, le look casquette et veste à dorures fait street army...
... à 50, ça fait contrôleuse SNCF.
SNCF
SNCF
à 25 ans, la teinture tye-die fait instagrammeuse...
POSTE UN COMMENTAIRE KAWAÏ.
... à 50, ça fait urgence racines.
PREND RENDEZ-VOUS CHEZ LE COIFFEUR.

les poils

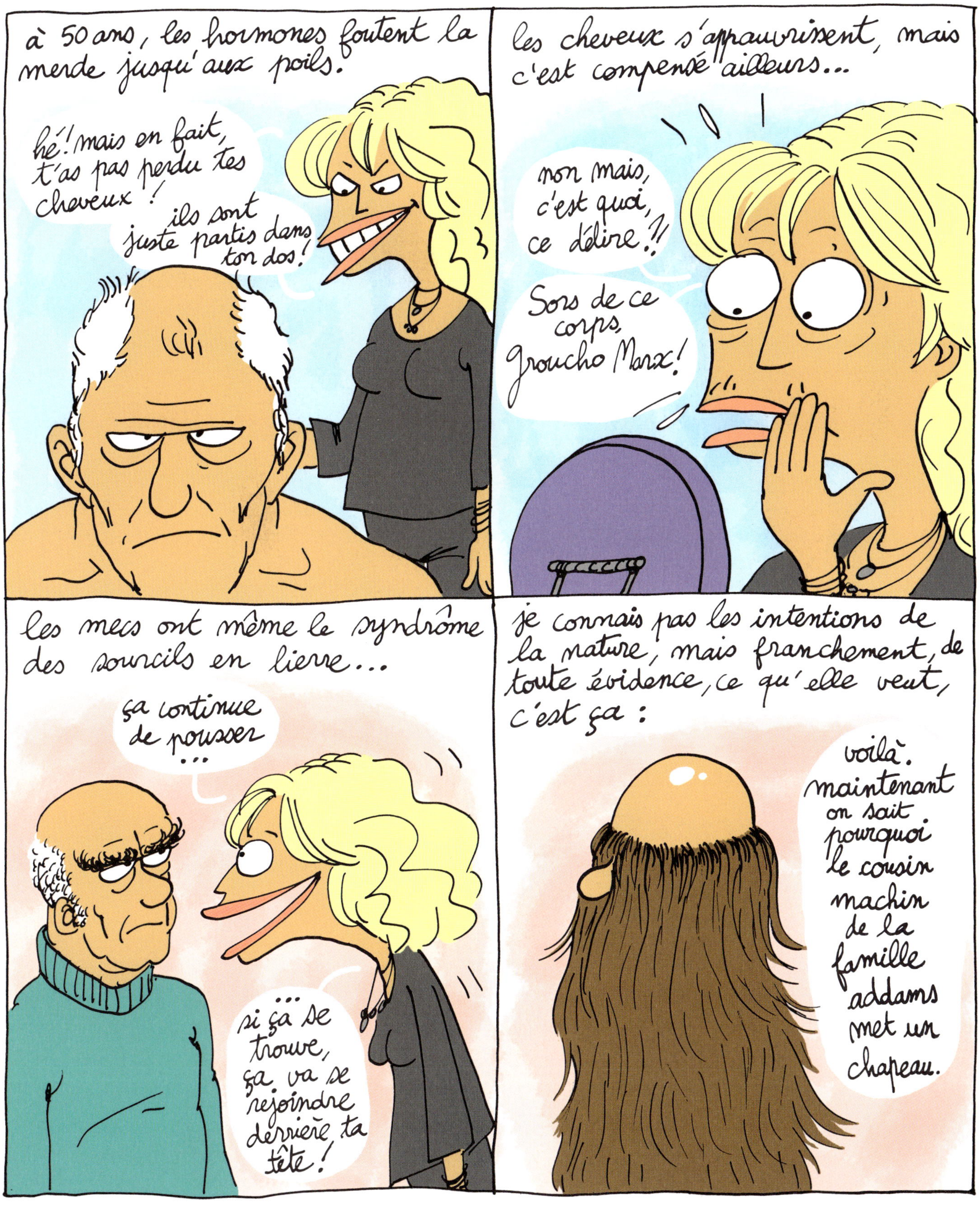
à 50 ans, les hormones foutent la merde jusqu'aux poils.
hé ! mais en fait, t'as pas perdu tes cheveux !
ils sont juste partis dans ton dos !
les cheveux s'appauvrissent, mais c'est compensé ailleurs...
non mais, c'est quoi, ce délire ?!
Sors de ce corps, Groucho Marx !
les mecs ont même le syndrôme des sourcils en lierre...
ça continue de pousser...
... si ça se trouve, ça va se rejoindre derrière ta tête !
je connais pas les intentions de la nature, mais franchement, de toute évidence, ce qu'elle veut, c'est ça :
voilà. maintenant on sait pourquoi le cousin machin de la famille addams met un chapeau.

je veux qu'on me pique avant :

d'être comme les vieux de la salle d'attente de gérontologie.

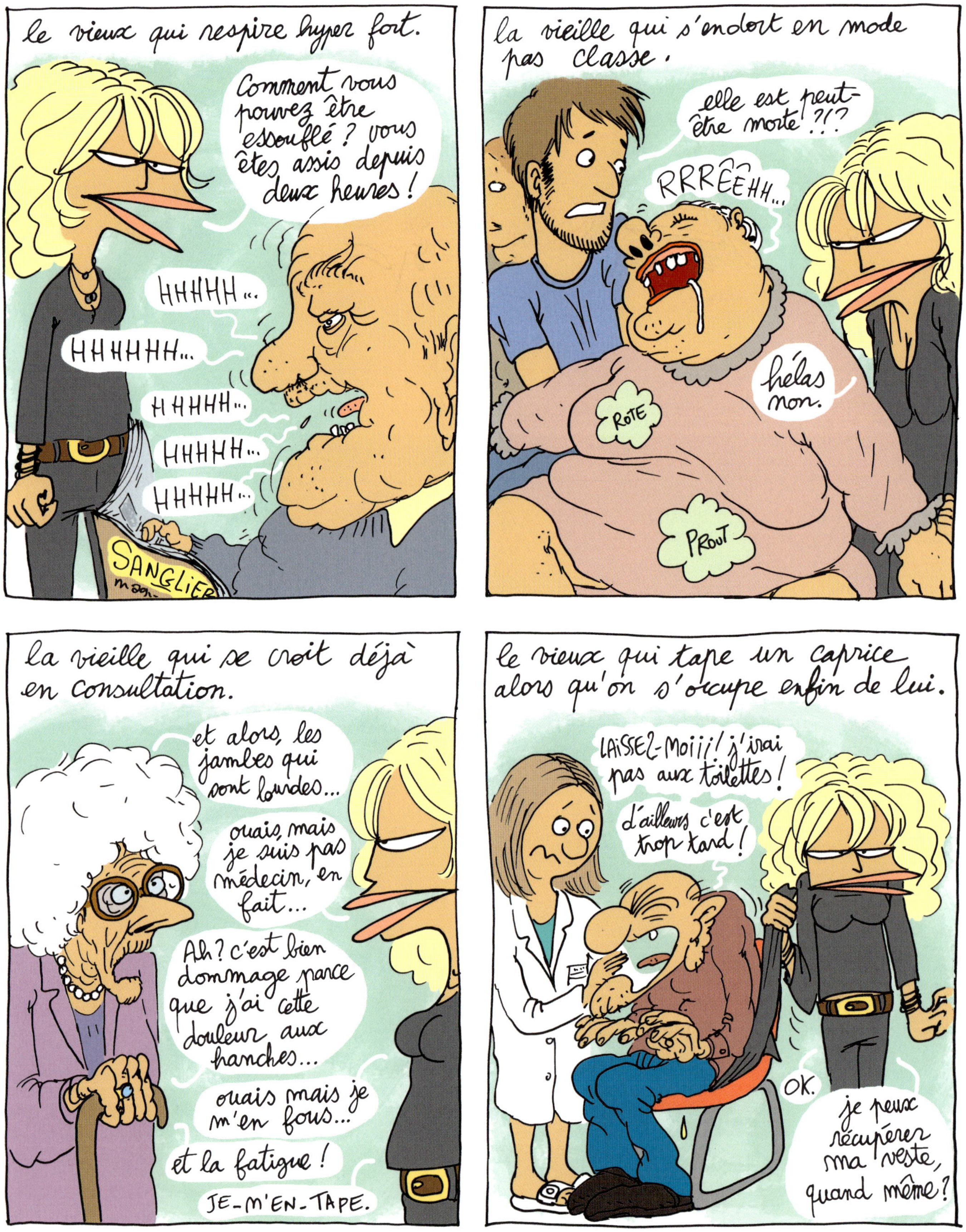
le vieux qui respire hyper fort.
Comment vous pouvez être essoufflé ? vous êtes assis depuis deux heures !
HHHHH...
HHHHHH...
HHHHH...
HHHHH...
HHHHH...
SANGLIER
la vieille qui s'endort en mode pas classe.
elle est peut-être morte ?!?
RRRÊÊHH...
hélas non.
ROTE
PROUT
la vieille qui se croit déjà en consultation.
et alors, les jambes qui sont lourdes...
ouais, mais je suis pas médecin, en fait...
Ah ? c'est bien dommage parce que j'ai cette douleur aux hanches...
ouais mais je m'en fous...
et la fatigue !
JE-M'EN-TAPE.
le vieux qui tape un caprice alors qu'on s'occupe enfin de lui.
LAISSEZ-MOIII ! j'irai pas aux toilettes !
d'ailleurs c'est trop tard !
OK.
je peux récupérer ma veste, quand même ?

mais donc, c'est sûr, SÛR ?

j'ai tenté de me convaincre que, à moi, ça n'arriverait pas.
han! armelle!
regarde le vieux de 40 ans!
bêêh!
bon, OK, les 40 ans, je les ai eus...
la pauvre
il paraît qu'elle divorce...
quelle horreur...
d'accord, j'ai divorcé...
comment il lui parle, son fils!!
alors j'vais t'dire...
HA HA
bon, il est ado, mais...
les miens, NO WAY.
admettons, mon fils a eu 16 ans.
tu sais quoi? un jour tu vas CREVER, et j'aurai la paix!
Chââââarles, sur un autre ton!
et c'est faux.
c'est quand même incroyable cette difficulté que j'ai à admettre le truc ÉVIDENT.
non mais l'autre...
pourquoi je crèverais?
l'autre...
et puis mon père est mort et le voile s'est levé...
donc on meurt, alors?
putain...
50 ans à bosser le scénario de ma vie pour une fin pourrie...

jamais

à 50 ans, on sait depuis longtemps qu'il ne faut jamais dire jamais...
"je n'aimerai plus jamais"...
"je ne ferai plus jamais confiance"...
"j'y arriverai jamais"...
et j'en passe.
mais c'est aussi à cette période de notre (fin de) vie qu'on découvre qu'il y a, en fait, des "jamais".
je ne comprendrai jamais l'idée des sacs à vendre dans les super marchés.
toujours pas écolo, mais on paie pour polluer.
je ne comprendrai jamais la manie de la salade verte.
donc là, en fait, j'avais commandé une salade de tomates.
je ne comprendrai jamais cette manie des mecs de vouloir nous sodomiser.
c'est assez simple, en fait.
soit t'es gay et tu te trompes de partenaire...
soit t'es hétéro et tu te trompes de trou.
je ne comprendrai jamais les robinets à détecteur.
putain... mais je le sais, pourtant, qu'il faut pas mettre le savon avant...
TIC TIC
TIC TIC
je ne comprendrai jamais les sèche-cheveux d'hôtel qui ne soufflent rien.
le séchoir asthmatique
AFFÛÛHH AFFÛÛH... KOF

je ne comprendrai jamais la mode du papier de soie.
DONC : vous savez que dans 5 minutes je vais ranger la culotte et jeter le papier de soie?
super concept...
je ne m'habituerai jamais aux appellations de musique classique.
« nocturne 32 opus 24 en mi bémol majeur » ?
c'est de la musique pour informaticien ou quoi ?
le monokini : je comprendrai jamais.
donc les seins au milieu du salon, c'est choquant.
mais avec un décor de plage derrière, ça va...
les dérouleurs de PQ de WC publics.
celui qui serre trop fort les feuilles.
CRITCH
Radin !
celui dont on ne peut jamais trouver le début du papier.
ZZZZZ
ROULE ROULE
je ne comprendrai jamais qu'on achète des fringues avec la marque visible en énorme.
ça, ça va dans le salon?
oui. Combien vous l'avez payé votre T-shirt ?
avouez...
DÉMÉNAGEURS KIPORTE
les fenêtres à un store pour deux sièges dans le train : mystère total.
LIT
DONC NE DORT PAS.

déjà demain

parfois je suis en décalage temporel.
maman?
oui Yuju?
je suppose qu'en relevant la tête, en face de moi se trouvera Justine.
maman?
MA FILLE - MA FILLE, MON BÉBÉ MA PLUS BELLE DU MONDE.
comme si mes yeux et mon conscient étaient mal branchés à ma mémoire.
maman? t'es où?
en bas, je bosse!
maman?
oui, attends, je finis ce trait...
voilà.
oui, ma chérie?
et soudain, elle est là.
SPLA
maman? ça va?
qui êtes vous?
où est mon bébé?
je n'ai jamais vu une aussi belle créature de ma vie.
maman, tu te souviens quand je te disais "dans 3 ans, t'as 50 ans!"?
oui! ça te faisait bien marrer, peste!
le temps passe vraiment vraiment vite.
eben on y est! HI HI HI.
HI HI!
alors oui : PROFITONS.

MERCI À

Justine Chappuis-Bruller pour ses scénarios,
Charles Chappuis-Bruller pour son autorisation à figurer dans l'album,
Sophie Chédru, ma Sosso, la main de fer dans le gant de velours,
Maël Danto Payet et Fabrice Ravier pour leur participation,
Eliete Bruller, ma mère rock'n'roll.

en même temps, on a juste rien demandé, quoi.
j'avoue.

MARABOUT
s'engage pour l'environnement
en réduisant l'empreinte carbone
de ses livres.
Celle de cet exemplaire est de :
1,2 kg éq. CO_2
Rendez-vous sur
www.marabout-durable.fr

PAPIER À BASE DE
FIBRES CERTIFIÉES

Imprimé en Espagne par Estella Graficas
pour le compte des éditions Marabout
Hachette Livre, 58 Jean Bleuzen, CS 70007, 92178 Vanves Cedex
Dépôt légal : septembre 2019
ISBN : 978-2-501-14653-1
756749 4
Édition 01

DU MÊME AUTEUR
...
autrice
...
bon.
... par la même personne qui a fait cet album.
c'est par là.

DRUGSTORE

HÉLÈNE BRULLER
JE VEUX le Prince charmant
ALBIN MICHEL

JE VEUX LE PRINCE CHARMANT
(Tome 1)

HÉLÈNE BRULLER
je veux TOUJOURS le prince charmant
ALBIN MICHEL

JE VEUX LE PRINCE CHARMANT
(Tome 2)

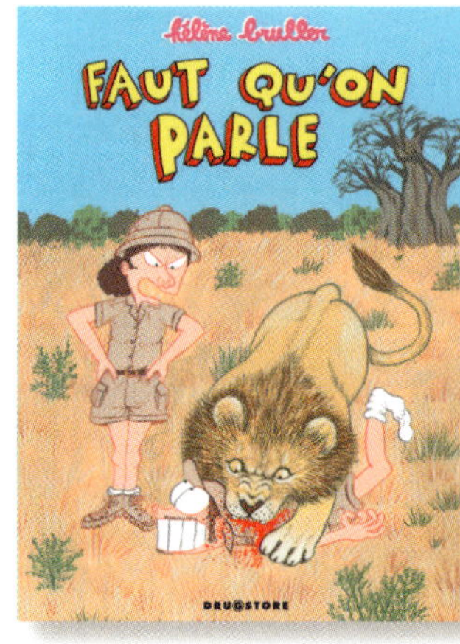
hélène bruller
FAUT QU'ON PARLE
DRUGSTORE

FAUT QU'ON PARLE

HÉLÈNE BRULLER
love
DRUGSTORE

LOVE

hélène bruller
EST UNE VRAIE SALOPE
VENT DES SAVANES

HELENE BRULLER
EST UNE VRAIE SALOPE

HÉLÈNE BRULLER
les autres filles ... et leurs mecs
DRUGSTORE

LES AUTRES FILLES
ET LEURS MECS

POCKET

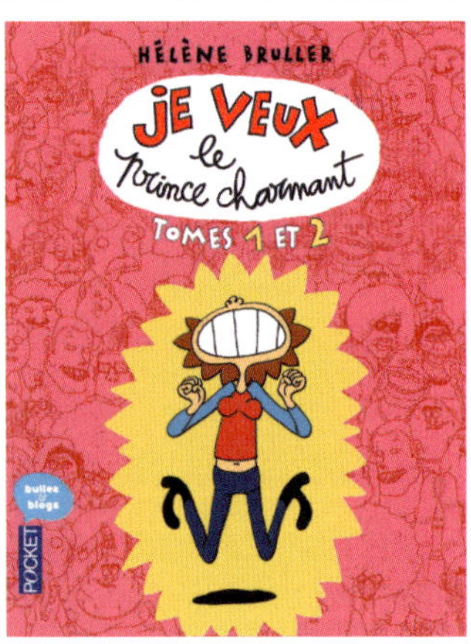
HÉLÈNE BRULLER
JE VEUX le Prince charmant
TOMES 1 ET 2
POCKET

JE VEUX LE PRINCE CHARMANT
(Compilation tomes 1 et 2)

DELCOURT

hélène bruller
STARFUCKEUSE
DELCOURT

STARFUCKEUSE

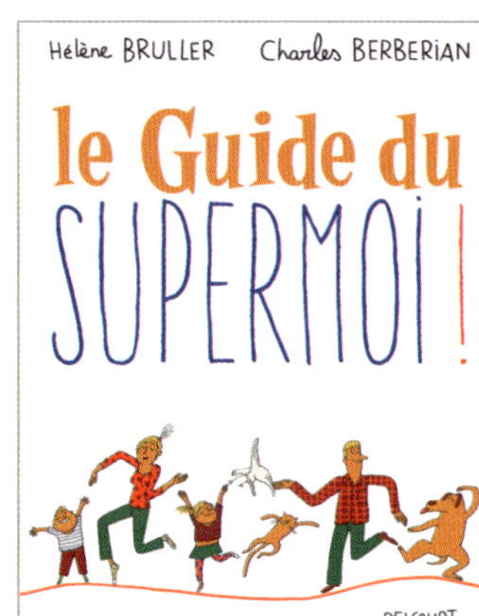
Hélène BRULLER
Charles BERBERIAN
le Guide du SUPERMOI !
DELCOURT

LE GUIDE DU SUPERMOI
Dessins de Charles Berberian

GLÉNAT

Les trucs de Titeuf
le guide du zizi sexuel
ZEP
HÉLÈNE BRULLER
Glénat

LE GUIDE DU ZIZI SEXUEL
Dessins de Zep

TÉBO • BRULLER
1
psicopattes
LES PATTES DANS LA BOUE

LES PSICOPATTES 1
LES PATTES DANS LA BOUE
Dessins de Tébo

TÉBO • BRULLER
1
psicopattes
LES PATTES DANS LA BOUE

LES PSICOPATTES 2
COUP DE POULE
Dessins de Tébo

HACHETTE

LES AUTRES FILLES...
PFFF!
POUFFIASSES
HÉLÈNE BRULLER

LES AUTRES FILLES

C'EST UN COMME ÇA QUE J'VOULAIS!
LES MECS DES AUTRES FILLES...
HÉLÈNE BRULLER

LES MECS DES AUTRES FILLES

les minijusticiers
hélène bruller & zep

LES MINIJUSTICIERS
Dessins de Zep

HUGO ET DESINGE

HÉLÈNE BRULLER
SOPHIE CHÉDRU
VÉRONIQUE GRISSEAUX
larguées
Hugo Desinge

LARGUÉES
scénario avec Sophie Chédru
et Véronique Grisseaux

HÉLÈNE BRULLER
j'veux pas VIEILLIR
Hugo Desinge

JE VEUX PAS VIEILLIR
(Première édition)

MARABULLES

HÉLÈNE BRULLER - JAYPEE
TOUT IRA BIEN MA CHÉRIE !
marabulles

TOUT IRA BIEN MA CHÉRIE
Dessins de Jaypee

putain, mais pourquoi ils ont choisi cette photo de moi ?!
j'ai l'air d'avoir 10 ans de plus là-dessus !
HELENE BRULLER

sur une idée de Fabrice Ravier

FUCK